❸ PERFEKT VORBEREITET

Wer gut geplant hat, spart Zeit: So lohnt es sich, einen Essensplan für die Woche anzufertigen. Aufeinander abgestimmt, vermeidet man damit Essensverschwendung, da die Reste vom Vortag einfach am nächsten Tag verarbeitet werden. Gemeinsam einen Meal-Plan zu erstellen macht zudem Spaß. Planen Sie Veggie-Tage, Schlemmer- und Fitnessgerichte ein. Dadurch sorgen Sie für eine abwechslungsreiche und ausgewogene Kost.

❹ MEIN SAMMELSURIUM

Damit alles irgendwann wie am Schnürchen läuft, sollten Sie sich eine Rezeptsammlung anlegen. Diese beinhaltet Gerichte, die schnell gekocht sind und dabei noch lecker schmecken. In diesem Buch finden Sie viele Anregungen und oft auch Ideen, wie Sie ein Rezept variieren können. Probieren Sie ruhig ab und zu mal etwas Neues aus, denn so findet man immer die tollsten Rezepte.

30 MINUTEN KÜCHE

DIE BESTEN REZEPTE

E = EINFACH

Wenige Zutaten, die nicht zu teuer und möglichst nicht zu ausgefallen sind. Einfache, übersichtliche und vor allem verständliche Rezepte.

A = ANFÄNGER

Die Rezepte sind technisch nicht zu anspruchsvoll und sind somit auch für Anfänger geeignet. Viele Anregungen inspirieren jedoch auch den schon erfahrenen Koch.

S = SCHNELL

Alltagstaugliche Rezepte, die auch ohne viel Zeitaufwand und Stress schnell zu meistern sind. Ganz nach dem Motto: Schnell zum Genuss.

Y = YUMMY

Gute Mischung aus Klassikern und Trendthemen. Raffinierte, aber trotzdem unkomplizierte Rezepte, die einfach schmecken.

 ZUBEREITUNGSZEIT: Wie viel Zeit Sie fürs Vorbereiten, Schnippeln oder Rühren benötigen, verbirgt sich hinter diesem Symbol.

 GAR- UND WARTEZEIT: Die kleine Stoppuhr verrät Ihnen, wie lange das Gericht kocht, schmort oder in den Ofen muss.

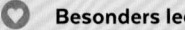 **Besonders lecker**

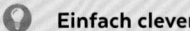 **Einfach clever**

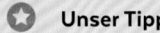 **Unser Tipp**

 Unsere Variante

INHALT

SO GELINGT ALLES GANZ EASY

Selbst gemacht ist besser

Schnell eine Tiefkühlpizza in den Backofen zu schieben oder Essen beim Lieferservice zu bestellen ist verlockend – leider oft auch ungesund und auf die Dauer einseitig. Wenn Sie aber selbst kochen, haben Sie die Möglichkeit zu bestimmen, was in Ihr Essen kommt.

Versuchen Sie deshalb, möglichst vielfältige, ausgewogene Mahlzeiten zu zaubern, und verwenden Sie hochwertige und gesunde Produkte für eine optimale Versorgung mit energiespendenden Kohlenhydraten, wertvollem Eiweiß, guten Fetten und vielen Vitaminen.

Frisch und aus dem Vorrat

Damit das Kochen nach einem langen Tag schnell und stressfrei wird, sollten Sie darauf achten, dass Sie einen Vorrat an einigen Grundzutaten haben: z.B. Reis, Nudeln und

Küchenhelfer

Küchenhelfer wie Gemüsereibe, Wiegemesser und Zestenreißer verkürzen die Arbeitszeit. Auch ein Schnellkochtopf spart viel Zeit, etwa beim Kochen von Kartoffeln oder Hülsenfrüchten. Sie werden sehen: Ein gutes Essen braucht nicht ewig, und Kochen macht Spaß. Lassen Sie Ihrer Kreativität freien Lauf – und wenn Ihnen mal eine Zutat fehlt, nehmen Sie ruhig etwas anderes als Ersatz.

Kartoffeln, Eier, Käse sowie Tiefkühlwaren. Greifen Sie dennoch so oft wie möglich zu frischem Fleisch und Fisch sowie saisonalem Obst und Gemüse.

Oft bietet es sich an, am Vorabend doppelte Portionen zu kochen (z.B. Kartoffeln), um die Reste am nächsten Tag mit frischen Zutaten aufzupeppen. Vorausschauend und ökonomisch zugleich sind Einkaufslisten. Und wer sich eine Gemüsekiste liefern lässt, der spart sich sogar den Gang zum Markt.

Eine gute Vorbereitung ist die halbe Miete

Clever ist es, nicht alle Komponenten eines Gerichts nacheinander, sondern so viel wie möglich parallel zuzubereiten. Daher am besten erst das Rezept durchlesen und alle Zutaten bereitstellen – dann können Sie entspannt loslegen.

GEWUSST WIE
KLEINE, SCHLAUE WARENKUNDE

Eier
sind die heimlichen Stars der schnellen Küche. Ob als Rühreier, Spiegeleier oder in Omelett und Frittata – sie machen immer eine gute Figur. Und mit zahlreichen Nährstoffen sind sie richtige Kraftpakete.

Teigwaren
sind vielseitig und fix zubereitet. Neben Pasta zählen außerdem Reis und Couscous zu den schnellen beliebten Grundzutaten, die Sie möglichst immer im Haus haben sollten.

Steaks
eignen sich besonders gut zum Kurzbraten, wie auch andere zarte Filet-, Lenden- oder Rückenstücke.

Äpfel und Birnen
sind praktisch für die schnelle Küche, da sie sich gut lagern lassen und fast ganzjährig erhältlich sind. Sie harmonieren sowohl mit Süßem als auch mit Herzhaftem.

NÜSSE

eignen sich nicht nur als schnelle Kraftnahrung für Zwischendurch, sondern veredeln auch Salate, Suppen und Pasta.

Speiseeis
ist das i-Tüpfelchen auf vielen Desserts und lässt sich im Tiefkühlfach bei minus 18 °C problemlos mehrere Monate lagern. Die bunte Sortenvielfalt schafft Abwechslung. Da haben Sie die Qual der Wahl!

Feta
sowie andere Käsesorten wie Mozzarella sind sehr vielfältig einsetzbar und eine gute, sättigende Fleischalternative.

Erbsen
sowie Pilze, Tomaten, Zucchini und Paprika zählen zu den Lebensmitteln, die nur sehr kurze Garzeiten haben und zugleich vitamin- und mineralstoffreich sind. Großes Plus bei Erbsen: Man erhält sie in guter Qualität auch aus dem Tiefkühlregal.

Kokosmilch
aus der Dose ist lang haltbar und verfeinert nicht nur schnelle Currygerichte. Sie eignet sich auch als Grundlage für Nudelsaucen und für süße Speisen (siehe Seite 50, 70).

01

VORSPEISEN

LAUCHSUPPE
MIT POLENTA UND KÜRBISKERNEN

ZUBEREITUNG
🍴 25 MIN.

01. Den Lauch längs halbieren, waschen, trocken schütteln und in Streifen schneiden. Den Knoblauch schälen und andrücken. Die Butter in einem Topf erhitzen und den Knoblauch darin andünsten. Den Lauch unter Rühren 1 bis 2 Minuten mitdünsten.

02. Die Polenta untermischen und etwa 2 Minuten mitrösten. Die Brühe angießen, mit Salz und Pfeffer würzen. Die Suppe etwa 15 Minuten köcheln lassen, bis die Polenta weich ist. Ist die Suppe zu sämig, einfach noch ein wenig Wasser dazugeben.

03. Die Kürbiskerne in einer Pfanne ohne Fett rösten, bis sie leicht gebräunt sind und duften. Die Petersilie waschen und trocken schütteln, die Blätter abzupfen und fein hacken. Den Knoblauch aus der Suppe fischen, die Petersilie und die Sahne unterrühren.

04. Die Suppe in tiefe Teller verteilen, mit dem Kürbiskernöl beträufeln und mit den Kürbiskernen bestreuen. Den Pecorino zur Suppe servieren.

♥ *Polenta in einer Suppe? Das funktioniert super und schmeckt auch noch hervorragend. Mit Lauch und einem leckeren Topping aus Körnern und Pecorino steht schnell ein leckeres Abendessen auf dem Tisch.*

**ZUTATEN
FÜR 4 PERSONEN**

+ 150 g Lauch
+ 1 Knoblauchzehe
+ 40 g Butter
+ 50 g Polenta (Maisgrieß)
+ ca. 900 ml Gemüsebrühe
+ Salz • Pfeffer aus der Mühle
+ 4 EL Kürbiskerne
+ 1 Bund Petersilie
+ 2 EL Sahne
+ 4 EL Kürbiskernöl
+ 100 g Pecorino (gerieben)

MAIRÜBCHENSUPPE
MIT SAFRAN & LACHS

ZUBEREITUNG
🕯 **30 MIN.**

01. Für die Suppe die Zwiebel und die Mairübchen schälen. Die Zwiebel grob würfeln, die Rübchen klein schneiden. Das Zitronengras putzen und anbrechen oder -klopfen.

02. Die Butter in einem großen Topf erhitzen. Mairübchen, Zitronengras und Zitronensaft dazugeben. Mit der Brühe aufgießen und 10 bis 15 Minuten weich garen. Das Zitronengras entfernen. Die Sahne dazugeben und alle Zutaten mit dem Stabmixer fein pürieren. Mit Salz und Pfeffer abschmecken.

03. Den Lachs waschen, trocken tupfen und in mundgerechte Stücke teilen. In der Suppe 2 bis 3 Minuten garen.

04. Die Suppe auf vier Schälchen verteilen. Jeweils 1 Msp. Safran in der Suppe verziehen.

🔄 *Wer auf den Lachs verzichten will, kann die Suppe auch nur mit Kresse bestreuen. Als vegetarische Einlage eignen sich außerdem Radieschen, in Stifte oder Scheiben geschnitten, die vorher in Zucker karamellisiert werden.*

ZUTATEN
FÜR 4 PERSONEN

FÜR DIE SUPPE:
+ 1 weiße Zwiebel
+ 250 g Mairübchen
+ 1 Stängel Zitronengras
+ 1 EL Butter
+ Saft von ½ Zitrone
+ 450 ml Gemüsebrühe
+ 50 g Sahne
+ Salz • Pfeffer aus der Mühle

AUSSERDEM:
+ 100 g Lachsfilet
+ 4 Msp. Safranpulver

ASIASUPPE
MIT SHIITAKE-PILZEN, ALGEN & TOFU

ZUBEREITUNG
20 MIN.

01. Für die Suppe den Limettensaft zusammen mit der Sojasauce und der Brühe in einem Topf aufkochen. Dann die Hitze reduzieren.

02. Die Shiitake-Pilze mit einem Pinsel putzen und in Streifen schneiden. Den Knollenziest mit der Gemüsebürste gründlich unter fließendem Wasser reinigen. Die Chilischote längs halbieren, entkernen, waschen und in sehr feine Streifen schneiden. Den Ingwer schälen, ebenfalls in feine Streifen schneiden.

03. Den Räuchertofu in Würfel schneiden. Das Öl in einer kleinen Pfanne erhitzen und den Tofu darin rundum bei starker Hitze anbraten. Tofuwürfel, Pilze, Knollenziest, Chili und den Ingwer zusammen mit den Ramen-Nudeln und den Nori-Streifen in die heiße Suppe geben und 5 Minuten köcheln lassen.

04. Das Basilikum waschen und trocken schütteln. Die Blätter abzupfen und grob hacken. Die Suppe auf vier Schalen verteilen und mit Basilikum bestreut servieren.

ZUTATEN
FÜR 4 PERSONEN

FÜR DIE SUPPE:
+ Saft von ½ Bio-Limette
+ 2 TL milde Sojasauce
+ 1 l Hühnerbrühe
+ 150 g Shiitake-Pilze
+ 100 g Knollenziest (ersatzweise schwarzer Rettich oder Möhren)
+ 1 Chilischote
+ 1 Stück Ingwer (1 cm)
+ 100 g Räuchertofu
+ 2 EL Sesamöl
+ 150 g Ramen-Nudeln
+ 20 g Kizami-Nori

AUSSERDEM:
+ 1 Bund Thai-Basilikum (oder Koriander)

Ramen-Nudeln sind japanische Nudeln aus Weizenmehl, die vorwiegend in Suppen verwendet werden. Kizami-Nori sind geschnittene Algen, man bekommt sie im Asialaden. Sie eignen sich auch gut als Garnitur für Asiasalate.

ERBSENSUPPE
MIT MINZE

ZUBEREITUNG
🍴 30 MIN.

01. Die Schalotte schälen und in feine Würfel schneiden. Das Öl in einem Topf erhitzen und die Schalotte darin andünsten. Die Erbsen und die Brühe dazugeben und zugedeckt bei schwacher Hitze etwa 15 Minuten weich garen.

02. Inzwischen den Salat putzen, waschen, trocken schütteln und in feine Streifen schneiden. Die Minze waschen und trocken schütteln, die Blätter abzupfen und in feine Streifen schneiden.

03. Die Hafersahne und den Salat zu den Erbsen geben und nur so heiß werden lassen, dass der Salat leicht zusammenfällt. Mit Salz und Pfeffer würzen und gut die Hälfte der Minze dazugeben. Die Erbsen in der Brühe mit dem Stabmixer fein pürieren. Die Suppe nach Belieben warm oder kalt genießen. Vor dem Servieren die übrige Minze darüberstreuen.

💟 *Einfach cool: Minze kühlt, erfrischt und entfaltet ein wunderbares Aroma beim Essen. Gleichzeitig sorgt sie zusammen mit den Erbsen für ein sattes Grün der Suppe.*

ZUTATEN
FÜR 2 PERSONEN

+ 1 Schalotte
+ 1 EL Olivenöl
+ 300 g Erbsen (frisch oder TK)
+ ½ l Gemüsebrühe
+ 150 g Römer- oder Kopfsalat
+ 2—3 Stiele Minze
+ 100 ml Hafersahne
+ Salz • Pfeffer aus der Mühle

MÖHREN-SÜSSKARTOFFEL-SUPPE
MIT MINZCROÛTONS

ZUBEREITUNG
🥄 **30 MIN.**

01. Für die Suppe die Möhren putzen und schälen, die Süßkartoffel schälen und waschen, dann beides in grobe Würfel schneiden. Die Zwiebel schälen und in nicht zu dünne Ringe schneiden. Das Öl in einem Topf erhitzen. Die Zwiebelringe darin hell andünsten und dann mit einer Gabel aus dem Topf entfernen.

02. Die Möhren- und Süßkartoffelwürfel mit 1 Prise Lebkuchengewürz im Zwiebelöl farblos andünsten. Die Milch dazugießen und alles bei schwacher bis mittlerer Hitze etwa 15 Minuten köcheln lassen, bis die Gemüsewürfel weich sind.

03. Inzwischen für die Croûtons die Toastscheiben entrinden und in kleine Würfel schneiden. Die Minze unter die weiche Butter rühren und die Kräuterbutter leicht mit Salz würzen. Die Kräuterbutter in einer Pfanne zerlassen und die Brotwürfel darin bei schwacher Hitze unter Wenden etwa 5 Minuten knusprig rösten. Die Croûtons herausnehmen und beiseitestellen.

04. Die Suppe mit dem Stabmixer fein pürieren, danach mit Salz und Cayennepfeffer würzen. Die Suppe auf tiefe Teller verteilen und mit den Croûtons bestreut servieren.

⭐ *Aus welchen Einzelgewürzen ein Lebkuchengewürz besteht, variiert von Hersteller zu Hersteller. Wichtig ist, dass die Suppe mit einer wärmenden Gewürzmischung verfeinert wird — das können auch Currymischungen, Glühwein- oder Spekulatiusgewürz sein. Alternativ können Sie auch ganze Gewürze in einem Einwegteebeutel verpackt mitgaren — diesen dann vor dem Pürieren wieder entfernen.*

ZUTATEN
FÜR 2 PERSONEN

FÜR DIE SUPPE:
+ **300 g Möhren**
+ **120 g Süßkartoffel**
+ **1 Zwiebel**
+ **2 EL Olivenöl**
+ **Lebkuchengewürz (siehe Tipp)**
+ **½ l Milch**
+ **Salz • Cayennepfeffer**

FÜR DIE CROÛTONS:
+ **2 Scheiben Toastbrot**
+ **2 EL gehackte Minze (alternativ Petersilie)**
+ **20 g weiche Butter**
+ **Salz**

THUNFISCHAUFSTRICH
MIT WEISSEN BOHNEN

ZUBEREITUNG 15 MIN.
ZUTATEN FÜR 4 PERSONEN

800 g weiße Bohnen (aus der Dose) auf einem Sieb abtropfen lassen. Dann in einem Topf mit wenig Wasser nur kurz
aufkochen und abgießen. **2 geschälte Knoblauchzehen** und
2 EL Kapern in kleine Würfel schneiden. **2 Dosen Thunfisch**
(à 140 g Abtropfgewicht; im eigenen Saft) öffnen. **4 EL
Petersilie** waschen, trocken tupfen und fein hacken. Die
Bohnen mit Knoblauch, Kapern, Thunfisch (inklusive Saft)
und **6 EL Olivenöl** in einem hohen Rührbecher mit dem
Stabmixer grob aufmixen. Anschließend Petersilie unterrühren und mit Salz und Pfeffer aus der Mühle abschmecken.
Der Aufstrich passt zu geröstetem Baguette.

LINSEN-NUSS-DIP
MIT KORIANDER

ZUBEREITUNG 20 MIN.
ZUTATEN FÜR 4 PERSONEN

1 kleine Zwiebel und **1 bis 2 Knoblauchzehen** schälen, in
feine Würfel schneiden und in einer Pfanne in **1 EL Olivenöl**
andünsten. Dann **120 g rote Linsen** hinzufügen und kurz
mitdünsten. **400 ml Gemüsebrühe** dazugießen und die Linsen
mit leicht geöffnetem Deckel etwa 10 Minuten weich garen.
In der Zwischenzeit je **60 g gehackte Mandeln** und **Pinien-
kerne** in einer Pfanne ohne Fett anrösten. Die Linsen mit der
Garflüssigkeit, den Mandeln und Nüssen, **3 EL Olivenöl** und
1 bis 2 TL gemahlenem Koriander, **1 TL gemahlenem Kreuz-
kümmel**, **1 TL gehacktem Ingwer**, **1 bis 2 EL Zitronensaft**, **Salz,
Pfeffer aus der Mühle** in einen hohen Rührbecher geben und
mit dem Stabmixer cremig pürieren. Mit Salz und Pfeffer aus
der Mühle würzen. In eine Schüssel geben und mit **1 bis 2 EL
gehacktem Koriander** bestreuen. Der Aufstrich passt zu
Vollkornbaguette.

HUMMUSAUFSTRICH
MIT BLATTSPINAT

ZUBEREITUNG 15 MIN.
ZUTATEN FÜR 4 PERSONEN

250 g Kichererbsen (aus der Dose) in ein Sieb abgießen, kalt abbrausen, abtropfen lassen und in den Küchenmixer geben. Einige Kichererbsen für die Deko beiseitelegen. **50 g Babyspinat** waschen, trocken schütteln und grob klein schneiden. Spinat, **50 g Sesammus, 2½ bis 3 EL Zitronensaft, 1 geschälte Knoblauchzehe, 4 EL Olivenöl, Salz, Pfeffer aus der Mühle** und etwa 4 EL Wasser zu den Kichererbsen geben und alles mit dem Stabmixer cremig pürieren, falls nötig, etwas nachwürzen. In einem Schälchen anrichten, die beiseitegelegten Kichererbsen daraufgeben und mit etwas **Olivenöl** beträufeln. Der Aufstrich passt zu geröstetem Fladenbrot.

GEMÜSEBUTTER
MIT MANDELN

ZUBEREITUNG 25 MIN.
ZUTATEN FÜR 4 PERSONEN

Je **100 g Möhren** und **Pastinake** putzen und schälen, **Lauch** putzen und waschen und alles in kleine Würfel schneiden. Das Gemüse in einem Topf in **150 ml kochender Gemüsebrühe** mit fast geschlossenem Deckel knapp 10 Minuten weich garen. In ein Sieb abgießen, abtropfen lassen und in einen hohen Rührbecher geben. **1 Knoblauchzehe** schälen, grob schneiden und mit **1½ EL Mandelmus** zum Gemüse geben. Alles mit dem Stabmixer pürieren. Das Gemüsepüree mit **80 g weicher Butter** verrühren und mit **Salz** und **Pfeffer aus der Mühle** würzen. Die Gemüsebutter auf ein Stück Frischhaltefolie geben und zu einer Rolle formen und im Kühlschrank fest werden lassen. Passt zu geröstetem Baguette.

GEGRILLTE ZUCCHINI
MIT TOMATENSALAT

ZUBEREITUNG
🕯 25 MIN.

01. Die Zucchini putzen, waschen und trocken tupfen. Mit einem Gemüsehobel oder Messer der Länge nach in gleichmäßige, etwa 3 mm dünne Scheiben schneiden. Die Scheiben mit 2 EL Öl bestreichen und mit dem Zitronensaft beträufeln. Mit Salz und Pfeffer würzen und 10 Minuten ziehen lassen.

02. Inzwischen die Tomaten waschen und in kleine Würfel schneiden, dabei die Stielansätze und Kerne entfernen. Die Petersilie waschen und trocken schütteln, die Blätter abzupfen und fein hacken. Die Petersilie und 2 EL Öl unter die Tomaten mischen und den Salat mit Salz und Pfeffer abschmecken.

03. Die Knoblauchzehen schälen und in feine Scheiben schneiden. Den Rosmarin waschen, trocken schütteln und grob zerpflücken. Eine Grillpfanne stark erhitzen, das übrige Öl mit einem Pinsel darin verstreichen und die Zucchinischeiben portionsweise mit Knoblauch und Rosmarin auf beiden Seiten 3 bis 4 Minuten goldbraun braten. Die Zucchinischeiben auf Tellern anrichten, die Oliven daraufsetzen und den Tomatensalat dazu servieren.

ZUTATEN
FÜR 4 PERSONEN

+ 4 junge Zucchini (à ca. 150 g)
+ 5 EL Olivenöl
+ 2 EL Zitronensaft
+ Salz • Pfeffer aus der Mühle
+ 500 g Tomaten
+ 4 Stiele Petersilie
+ 4 Knoblauchzehen
+ 4 Zweige Rosmarin
+ 4 EL schwarze Oliven (ohne Stein)

GRÜNER MANGOSALAT
MIT ERDNÜSSEN

ZUBEREITUNG
🕯 25 MIN.

01. Für den Salat die Mango schälen, das Fruchtfleisch auf den flachen Seiten vom Stein schneiden. Erst in feine Scheiben, dann quer halbieren und in feine Streifen schneiden. Die Frühlingszwiebeln putzen, waschen und in feine Ringe schneiden. Den Staudensellerie putzen, waschen und in kleine Stücke schneiden.

02. Die Paprikaschote längs halbieren, entkernen, waschen und in feine Streifen schneiden. Je nach Größe noch mal halbieren oder dritteln. Die Möhren putzen und schälen. Erst längs in dünne Scheiben, dann in kurze, dünne Stifte schneiden.

03. Für das Dressing Limettensaft, Sojasauce, Zucker und etwas Chilipulver in einer Schüssel verrühren. Minze und Koriander waschen und trocken schütteln, die Blätter fein hacken und unter das Salatdressing mischen. Mango und Gemüsestreifen dazugeben und alles gut vermischen. Etwas durchziehen lassen. Erdnüsse nach Belieben grob hacken oder ganz lassen und in einer Pfanne ohne Fett kurz anrösten. Salat in verschließbare Gefäße füllen und mit den Erdnüssen bestreuen.

⭐ *Der Salat schmeckt auch mit reifer Mango, dann ist er aber weniger herzhaft. Statt Mangos sind auch Äpfel lecker.*

Frischer Koriander lässt sich wunderbar in einem Gefrierbeutel einfrieren. Gefroren kann man ihn bei Bedarf einfach zwischen den Fingern zerbröseln und spart sich damit das Hacken. Sie mögen keinen Koriander? Dann nehmen Sie Petersilie.

ZUTATEN
FÜR 4 PERSONEN

FÜR DEN SALAT:
+ 1 noch nicht ganz reife Mango
+ 3 Frühlingszwiebeln
+ 2 Stangen Staudensellerie
+ 1 rote Paprikaschote
+ 2 Möhren

FÜR DAS DRESSING:
+ 6 EL Limettensaft
+ 3 EL Sojasauce
+ 1½ EL Zucker
+ Chilipulver
+ 2 Stiele Minze
+ 3—4 Stiele Koriander

AUSSERDEM:
+ Erdnüsse zum Bestreuen

RUCOLA-PFIRSICH-SALAT
MIT PARMASCHINKEN

ZUBEREITUNG
🕯 15 MIN.

01. Für das Dressing den Zitronensaft mit Salz, Pfeffer und Öl in einer kleinen Schüssel gründlich verrühren.

02. Die Pfirsiche waschen, halbieren, entsteinen und in dünne Spalten schneiden. Den Rucola verlesen, waschen und trocken tupfen. Die Minze waschen, trocken tupfen, die Blätter abzupfen und in feine Streifen schneiden.

03. Den Rucola auf einer Platte oder Tellern verteilen und mit den Pfirsichspalten belegen. Parmaschinken und Mozzarella in grobe Stücke zupfen und über den Salat streuen. Zum Servieren alles mit Minze garnieren und mit dem Dressing beträufeln.

💡 *Weinbergpfirsiche sind flach und haben einen sehr kleinen Kern. Sie sind in der Regel säureärmer und enthalten mehr Zucker als normale Pfirsiche. Sie schmecken süß und sehr aromatisch.*

ZUTATEN
FÜR 2 PERSONEN

+ **Saft von 1 Zitrone**
+ **Salz • Pfeffer aus der Mühle**
+ **4 EL Olivenöl**
+ **3 Weinbergpfirsiche (alternativ normale Pfirsiche)**
+ **150 g Rucola**
+ **¼ Bund frische Minze**
+ **100 g Parmaschinken (in dünnen Scheiben)**
+ **150 g Mozzarella**

BUNTER BLATTSALAT-MIX
MIT SCHINKEN

ZUBEREITUNG
30 MIN.

01. Den Salat putzen, waschen und trocken schleudern. Den Staudensellerie putzen, waschen und in sehr feine Scheiben schneiden, eventuell die Selleriestange vorher längs halbieren. Die Hälfte der Selleriescheiben mit einem Wiegemesser fein hacken und für das Dressing beiseitestellen.

02. Die Melone in kleine Würfel schneiden. Den Schinken ebenfalls fein zerkleinern. Die Salatblätter fein schneiden. Selleriescheiben, Melone, Schinken und Salat in einer Schüssel mischen. Die Macadamianüsse grob hacken und in einer Pfanne ohne Fett unter Rühren leicht rösten. Herausnehmen und abkühlen lassen.

03. Für das Dressing Frischkäse, Öl und Zitronensaft in einer Schüssel mit dem fein gehackten Sellerie cremig verrühren, bei Bedarf noch etwas Wasser unterrühren. Das Dressing unter den Salat mischen.

04. Die Pfefferkörner im Mörser fein zermahlen und darüberstreuen. Den Salat nach Belieben mit 1 Prise Salz würzen und auf Teller verteilen. Zuletzt mit den gerösteten Nüssen bestreuen.

ZUTATEN
FÜR 2 PERSONEN

FÜR DEN SALAT:
+ 100 g gemischte Blattsalate
+ ½ Stange Staudensellerie (ca. 50 g)
+ 100 g Cantaloupe-Melonenfruchtfleisch
+ 40 g roh geräucherter Schinken
+ 8 gesalzene Macadamianusskerne

FÜR DAS DRESSING:
+ 50 g Doppelrahmfrischkäse
+ 2 EL Öl
+ 1 EL Zitronensaft

AUSSERDEM:
+ 1 TL getrocknete grüne Pfefferkörner
+ Salz (nach Belieben)

UNSER
LIEBLING

ERBSEN-ROMANASALAT
MIT AVOCADO

ZUBEREITUNG
🔥 20 MIN.

01. Für den Salat die Erbsen in Salzwasser 5 bis 7 Minuten blanchieren. In ein Sieb abgießen, kalt abschrecken und gut abtropfen lassen.

02. Den Romanasalat putzen, waschen, trocken schleudern und in Streifen schneiden. Aus der Avocadohälfte den Stein entfernen. Die Avocado schälen und das Fruchtfleisch in etwa 1 cm große Würfel schneiden, die Scheiben mit dem Zitronensaft mischen.

03. Minze und Estragon waschen und trocken schleudern, die Blätter abzupfen und hacken.

04. Für das Dressing saure Sahne, Essig und Senf verrühren und das Öl unterschlagen. Minze und Estragon untermischen. Erbsen, Avocado, Salat und Dressing in einem Schälchen anrichten. Den Salat mit Salz und Pfeffer abschmecken und nach Belieben mit Kresse bestreuen.

⭐ *Wer möchte, schneidet 100 g geräucherte Putenbrust (vom Metzger 1 dicke Scheibe abschneiden lassen) in kleine Würfel oder Stifte und richtet diese dann mit den übrigen Zutaten im Schälchen an.*

ZUTATEN
FÜR 2 PERSONEN

+ **240 g TK-Erbsen**
+ **1 großer Romanasalat (ca. 160 g)**
+ **1 reife Avocado**
+ **2 TL Zitronensaft**
+ **4–6 Stiele Minze**
+ **2 Stiele Estragon**
+ **2 EL saure Sahne**
+ **3 EL Weißweinessig**
+ **1 TL Dijonsenf**
+ **4 EL Rapsöl**
+ **Salz • Pfeffer aus der Mühle**
+ **Kresse (nach Belieben)**

QUINOASALAT
MIT KÜRBISKERNEN

ZUBEREITUNG
🍴 30 MIN.

01. Die Brühe in einem Topf zum Kochen bringen. Beide Quinoasorten hinzufügen und 15 bis 20 Minuten ohne Deckel köcheln lassen. Anschließend vom Herd nehmen und noch etwa 5 Minuten quellen lassen, bis das Wasser vollständig aufgenommen ist.

02. Inzwischen die Möhren putzen, schälen und schräg in dünne Scheiben schneiden. Einen Topf mit etwas Salzwasser zum Kochen bringen und die Möhrenscheiben darin etwa 5 Minuten bissfest garen. Die Erbsen hinzufügen und kurz erhitzen. Das Gemüse in ein Sieb abgießen, gut abtropfen und auskühlen lassen.

03. Die Paprikaschote längs halbieren, entkernen, waschen und in Streifen schneiden. Die Frühlingszwiebeln putzen, waschen und in feine Ringe schneiden.

04. Quinoa, Möhren, Erbsen, Paprika und Frühlingszwiebeln in einer Schüssel mischen. Den Salat mit Limettenschale und -saft, Minze, Olivenöl, Salz und Pfeffer würzig abschmecken.

05. Die Kürbiskerne in einer Pfanne ohne Fett anrösten, bis sie zu duften beginnen. Kurz vor dem Servieren über den Salat streuen.

ZUTATEN
FÜR 4 PERSONEN

+ 550 ml Gemüsebrühe
+ 100 g weiße Quinoa
+ 100 g rote Quinoa
+ 3 Möhren
+ Salz
+ 150 g TK-Erbsen
+ 1 rote Paprikaschote
+ 2 Frühlingszwiebeln
+ ½ TL abgeriebene Bio-Limettenschale
+ 3–4 EL Limettensaft
+ 1–2 EL gehackte Minze
+ 3 EL Olivenöl
+ Pfeffer aus der Mühle
+ 3 EL Kürbiskerne

⭐ *Wenn Sie den Salat ins Büro mitnehmen möchten, sollten Sie das Topping separat aufbewahren — es wird sonst weich. Und weil die Quinoa viel Dressing aufsaugt, muss der Salat unbedingt noch mal abgeschmeckt werden. Zum Mitnehmen können Sie ihn ruhig etwas „überwürzen", vor allem mit Limettensaft. Bis zur Mittagspause ist ein Großteil des Safts von den Körnern aufgesaugt worden.*

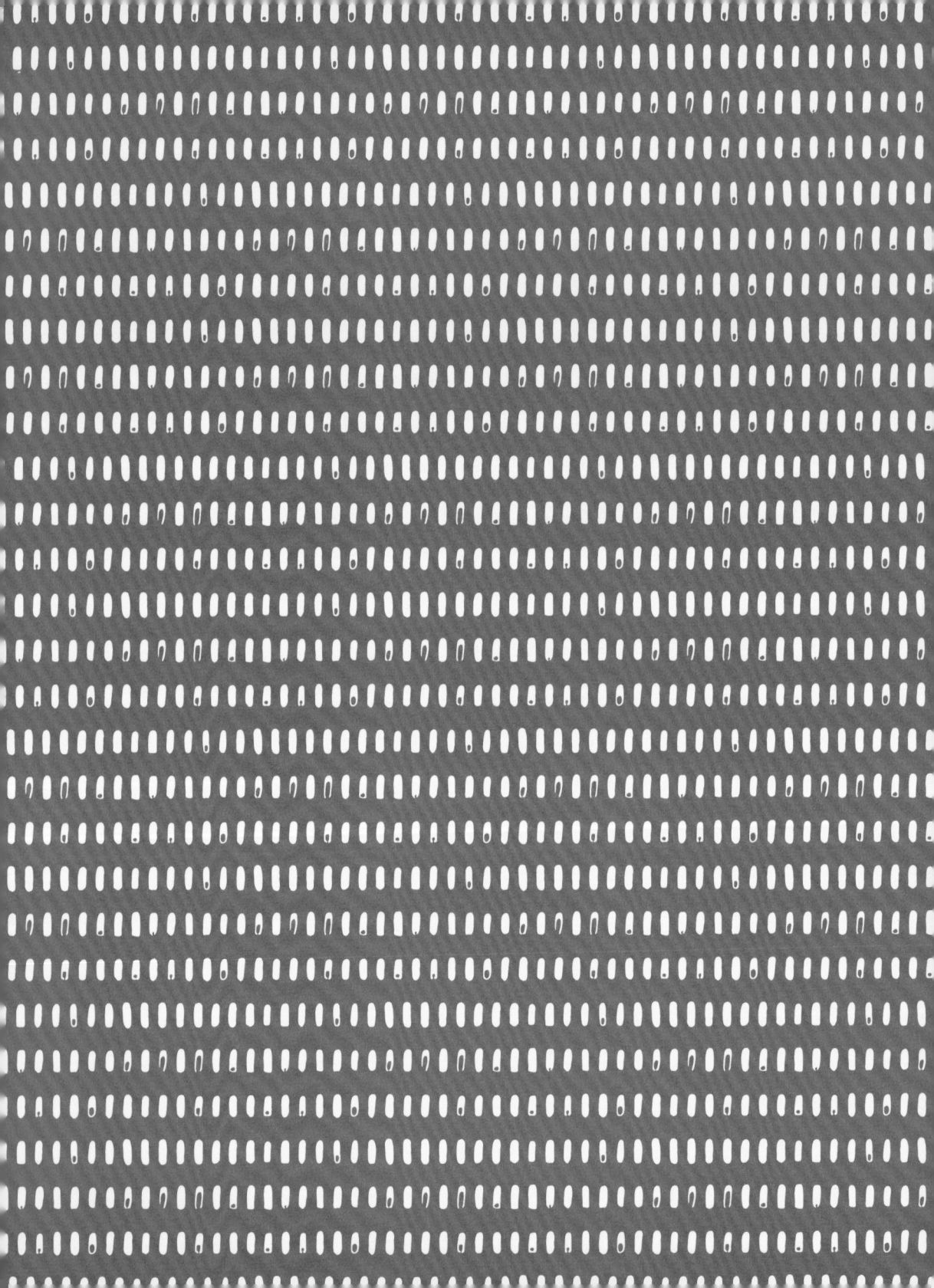

HAUPTGERICHTE

ZUCCHINI-KRÄUTER-BULGUR
MIT WÜRZJOGHURT

ZUBEREITUNG
🔥 30 MIN.

01. In einem Topf 225 ml Wasser mit etwas Salz aufkochen. Den Bulgur einrühren, aufkochen lassen und die Physalis hinzufügen. Den Bulgur zugedeckt 20 bis 25 Minuten quellen lassen.

02. Inzwischen die Zucchini putzen, waschen und in etwa 5 mm dicke Scheiben schneiden. Die Zitrone heiß waschen und trocken reiben, die Schale abreiben und den Saft auspressen. Den Knoblauch schälen und in feine Würfel schneiden.

03. Die Kräuter waschen und trocken schütteln, die Blätter abzupfen und getrennt fein hacken. Die Frühlingszwiebeln putzen, waschen und mit dem Grün in feine Ringe schneiden. Den Joghurt mit der Hälfte der Minze und 1 EL Dill verrühren, mit 2 Msp. Zitronenschale, 1 EL Zitronensaft, Salz und Pfeffer würzen.

04. In einer Pfanne das Öl erhitzen, die Zucchini und den Knoblauch darin leicht braun braten, mit Salz und Pfeffer würzen. Eventuell zuletzt 2 bis 3 EL Wasser dazugeben und bei schwacher Hitze fertig garen. Den Bulgur mit Zucchini, Frühlingszwiebelringen und restlichen Kräutern mischen und auf Teller verteilen. Etwas Würzjoghurt darüberträufeln, den Rest separat dazu servieren.

ZUTATEN
FÜR 2 PERSONEN

+ **Salz**
+ **100 g Bulgur**
+ **3 EL getrocknete Physalis**
+ **500 g kleine Zucchini**
+ **½ Bio-Zitrone**
+ **1 Knoblauchzehe**
+ **8 Stiele Minze**
+ **1 Bund Dill**
+ **8 Stiele Petersilie**
+ **2 Frühlingszwiebeln**
+ **150 g Naturjoghurt**
+ **Pfeffer aus der Mühle**
+ **3 EL Olivenöl**

FRITTATA
MIT TOMATEN UND MOZZARELLA

ZUBEREITUNG
🥄 30 MIN.   ⏱ 10 MIN.

01. Den Backofen auf 200 °C vorheizen. Die Tomaten waschen und halbieren. Die Eier mit Milch, Parmesan, Salz und Pfeffer verquirlen. Den Mozzarella gut abtropfen lassen und in kleine Würfel schneiden. Die Zwiebel schälen und in feine Würfel schneiden.

02. In einer kleinen ofenfesten Pfanne 2 EL Butter erhitzen und die Hälfte der Zwiebeln darin andünsten. Die Hälfte der Eiermilch darübergießen und 4 Minuten stocken lassen. Die Hälfte der Mozzarellawürfel beiseitestellen, einen Teil der restlichen Mozzarellawürfel auf die Eiermasse geben. Die Hälfte der Tomaten mit der Schnittfläche nach oben daraufsetzen. Nochmals mit etwas Mozzarella bestreuen.

03. Die Frittata im Ofen auf der mittleren Schiene etwa 10 Minuten garen, sodass sie auch in der Mitte fest ist. Aus den übrigen Zutaten auf dieselbe Weise eine zweite Frittata backen.

04. Die Frittata mit Salz und Pfeffer würzen und mit Basilikumblättern garniert servieren.

💡 *Die Frittata ist das italienische Omelett-Pendant zur spanischen Tortilla. Kalt und in Stücke geschnitten, ist sie ein idealer Begleiter für das Picknick oder das Partybüfett.*

ZUTATEN
FÜR 4 PERSONEN

+ **500 g Cocktailtomaten**
+ **8 Eier**
+ **125 ml Milch**
+ **4 EL geriebener Parmesan**
+ **Salz • Pfeffer aus der Mühle**
+ **2 Kugeln Büffelmozzarella (à 125 g)**
+ **1 kleine Zwiebel**
+ **4 EL Butter**
+ **Basilikumblätter zum Garnieren**

FLAMMKUCHEN
MIT ZUCCHINI, PESTO UND KÄSE

ZUBEREITUNG
🥄 15 MIN. ⏱ 15 MIN.

01. Den Ofen auf 200 °C (Umluft) vorheizen. Den Flammkuchenteig mitsamt dem Backpapier auf einem Backblech entrollen. Den Schmand darauf verteilen, dabei einen 1 cm breiten Rand frei lassen.

02. Die Zucchini waschen. Auf dem Hobel (oder mit einem Messer) in 3 mm dicke Scheiben schneiden, den Stiel dabei zum Festhalten benutzen.

03. Die Zucchinischeiben auf dem Flammkuchen verteilen, mit Salz und Pfeffer würzen. Das Pesto in kleinen Klecksen dazwischensetzen. Die Kürbiskerne darüberstreuen. Beide Käsesorten reiben, locker vermischen und über den Flammkuchen streuen.

04. Im Ofen auf der mittleren Schiene etwa 15 Minuten knusprig backen.

05. Den Flammkuchen halbieren (oder vierteln) und sofort servieren.

ZUTATEN
FÜR 2 PERSONEN

+ **1 Rolle Flammkuchenteig (aus dem Kühlregal)**
+ **150 g Schmand**
+ **200 g feste Zucchini**
+ **Salz • Pfeffer aus der Mühle**
+ **2–3 EL Pesto (aus dem Glas)**
+ **2 EL Kürbiskerne**
+ **25 g Parmesan (am Stück)**
+ **25 g mittelalter Gouda (am Stück)**

REISTOPF
MIT PFIFFERLINGEN

ZUBEREITUNG
🍴 30 MIN.

01. Die Zwiebel schälen und in feine Würfel schneiden. Den Bergkäse auf einer Küchenreibe grob raspeln. Die Butter in einem Topf zerlassen und die Zwiebel darin andünsten. Den Reis dazugeben und unter Rühren glasig dünsten. Dann mit dem Essig ablöschen und den Käse hinzufügen. Den Essig bei mittlerer Hitze einkochen lassen.

02. Sobald die Flüssigkeit nahezu verkocht ist, nach und nach die Brühe angießen und jeweils unter häufigem Rühren einkochen lassen. Auf diese Weise die gesamte Brühe aufbrauchen, das dauert etwa 20 Minuten.

03. In der Zwischenzeit den Rosmarin waschen und trocken schütteln, die Nadeln abzupfen und fein hacken. Den Apfel schälen, vierteln, entkernen und in feine Würfel schneiden. Frische Pfifferlinge putzen und eventuell trocken abreiben, große Pilze etwas kleiner schneiden. Apfel, Pfifferlinge und Rosmarin etwa 5 Minuten vor Ende der Garzeit zum Reis geben. Den Reistopf mit Salz und Pfeffer abschmecken.

ZUTATEN
FÜR 2 PERSONEN

+ 1 Zwiebel
+ 50 g Bergkäse
+ 20 g Butter
+ 125 g Risottoreis (z.B. Arborio)
+ 50 ml Apfelessig
+ 400 ml heiße Gemüsebrühe
+ 2 Zweige Rosmarin
+ 1 säuerlicher Apfel
+ 150 g Pfifferlinge (frisch oder TK)
+ Salz • Pfeffer aus der Mühle

SCHNELLE AVOCADO-SPAGHETTI
MIT LIMETTENAROMA

ZUBEREITUNG
15 MIN.

01. Für die Sauce das Avocadofruchtfleisch in Würfel schneiden. Den Knoblauch schälen und mit den Avocadowürfeln in den Küchenmixer geben.

02. Die Spaghetti in einem großen Topf nach Packungsanweisung al dente kochen.

03. Zwiebelwürfel, Limettensaft, Olivenöl, Orangensaft, Agavendicksaft, Salz und 1 gute Prise Pfeffer hinzufügen. Alles auf höchster Stufe 30 Sekunden mixen. Dann die Brühe oder das Nudelkochwasser dazugeben und zwei- bis dreimal mit der Pulse-Funktion mixen.

04. Die Pastasauce nach Belieben in einem Topf bei schwacher Hitze 1 Minute erwärmen, mit Salz sowie Pfeffer abschmecken. Die Sauce mit den Spaghetti mischen. Mit Oregano, Rucola und Cocktailtomaten garnieren.

⭐ *Mit Pasta kann man problemlos eine größere Gästeschar bewirten. Von der Sauce dann einfach entsprechend mehr zubereiten und am besten verschiedene Nudelsorten kochen.*

ZUTATEN
FÜR 4 PERSONEN

+ 230 g Avocadofruchtfleisch (ca. 2 reife Avocados)
+ 1 kleine Knoblauchzehe
+ 500 g Spaghetti
+ 1 EL Zwiebelwürfel
+ 2 EL Limettensaft
+ 4 EL natives Olivenöl
+ 200 ml Orangensaft
+ 1 TL Agavendicksaft
+ 2 TL Meersalz
+ Pfeffer aus der Mühle
+ 200 ml milde Gemüsebrühe oder heißes Nudelkochwasser
+ 2 EL gehackte Oreganoblätter
+ 2 EL gehackter Rucola
+ 4 EL geviertelte Cocktailtomaten (oder kleine Paprikawürfel)

ZITRONEN-TAGLIATELLE
MIT SAURER SAHNE

ZUBEREITUNG
🍴 **25 MIN.**

01. Die Tagliatelle nach Packungsanweisung in kochendem Salzwasser bissfest garen.

02. Die Petersilie waschen und trocken schütteln, die Blätter abzupfen und fein hacken. Die Zitronen heiß waschen und trocken reiben, die Schale fein abreiben und den Saft auspressen.

03. In einer Pfanne die Brühe mit der Zitronenschale um etwa ein Drittel einkochen lassen. Das Olivenöl und den Zi-tronensaft dazugeben, mit Salz und Pfeffer würzen. Die kalte Butter stückchenweise mit dem Schneebesen unterrühren und die Sauce cremig einköcheln lassen.

04. Die Nudeln in ein Sieb abgießen und in der Zitronensauce schwenken. Die Pfanne vom Herd nehmen, saure Sahne, Parmesan und Petersilie unter die Nudeln mischen. Die Pasta auf tiefe Teller verteilen. Nach Belieben mit Zitronenzesten und Pfeffer garnieren.

💙 *Zu den Zitronen-Tagliatelle können Sie angebratene Kalbsfiletspitzen oder angebratene Garnelen servieren.*

**ZUTATEN
FÜR 2 PERSONEN**

+ **200 g Tagliatelle**
+ **Salz • Pfeffer aus der Mühle**
+ **½ Bund Petersilie**
+ **2 Bio-Zitronen**
+ **200 ml Hühner- oder Gemüse-brühe**
+ **2 EL Olivenöl**
+ **50 g kalte Butter**
+ **30 g saure Sahne**
+ **40 g Parmesan, gerieben**

SPAGHETTI
MIT PAPRIKASAUCE UND MANGO

ZUBEREITUNG
🍴 30 MIN.

01. Die Paprikaschote längs halbieren, entkernen, waschen und in kleine Würfel schneiden. Die Schalotte schälen und fein würfeln.

02. Das Olivenöl in einer Pfanne erhitzen, Paprika und Schalotte darin 4 Minuten anbraten. Mit Essig ablöschen, Sternanis und Sahne hinzufügen und die Flüssigkeit bei mittlerer Hitze 10 Minuten einköcheln lassen. Inzwischen die Tomaten waschen und halbieren. Das Mangofruchtfleisch in kleine Würfel schneiden.

03. Die Paprikamischung in einen hohen Rührbecher umfüllen, dabei den Sternanis entfernen, und mit dem Stabmixer cremig pürieren. Das Püree zurück in die Pfanne geben, Tomaten und Mango untermischen. Die Sauce nochmals 10 Minuten einköcheln lassen.

04. Inzwischen die Spaghetti in reichlich kochendem Salzwasser nach Packungsanweisung bissfest garen. In ein Sieb abgießen, abtropfen lassen und mit der Paprikasauce servieren. Nach Belieben mit Basilikumblättern garnieren.

ZUTATEN
FÜR 2 PERSONEN

+ 1 rote Paprikaschote
+ 1 Schalotte
+ 1 EL Olivenöl
+ 2 EL Weißweinessig
+ 1 Sternanis
+ 200 g Sahne
+ 250 g Cocktailtomaten
+ 150 g Mangofruchtfleisch (von ca. ¼ Mango)
+ 150 g Dinkelspaghetti
+ Salz
+ Basilikumblätter (nach Belieben)

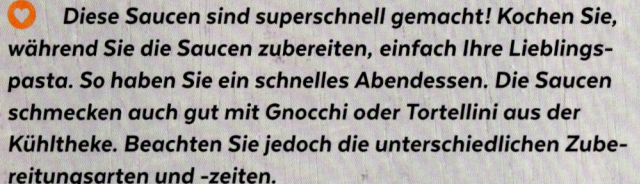

Diese Saucen sind superschnell gemacht! Kochen Sie, während Sie die Saucen zubereiten, einfach Ihre Lieblingspasta. So haben Sie ein schnelles Abendessen. Die Saucen schmecken auch gut mit Gnocchi oder Tortellini aus der Kühltheke. Beachten Sie jedoch die unterschiedlichen Zubereitungsarten und -zeiten.

PFIFFERLINGSAUCE
MIT SALBEI UND SPECK

ZUBEREITUNG 🔥 15 MIN.
ZUTATEN FÜR 4 PERSONEN

400 g Pfifferlinge putzen, trocken abreiben und klein schneiden. **1 Zwiebel** schälen, fein würfeln und mit **100 g durchwachsenen Speckwürfeln** in einer Pfanne in **1 EL Öl** andünsten. Pfifferlinge dazugeben und 3 bis 4 Minuten mitbraten. **50 ml Gemüsebrühe** und **200 g Crème fraîche** unterrühren und aufkochen lassen. **5 bis 10 Salbeiblätter** waschen, trocken tupfen, klein schneiden und unter die Sauce rühren. Mit **30 g geriebenem Parmesan** bestreuen.

KRABBENSAUCE
MIT LAUCH

ZUBEREITUNG 15–20 MIN.
ZUTATEN FÜR 4 PERSONEN

1 Zwiebel schälen, in feine Würfel schneiden und in einer Pfanne in **1 EL Öl** bei schwacher Hitze andünsten. Mit **70 ml Weißwein** ablöschen und etwas einköcheln lassen. **300 ml Gemüsebrühe** angießen und alles etwa 10 Minuten köcheln lassen. **150 g Sahne** dazugeben und erhitzen. Mit **Salz**, **Chilipulver**, **Muskatnuss** und **1 bis 2 TL Zitronensaft** würzen. **1 kleine Stange Lauch** längs halbieren, waschen und in feine Streifen schneiden. In einer Pfanne in **1 EL Olivenöl** bei schwacher Hitze einige Minuten anbraten, mit Salz und **Pfeffer** würzen und unter die Sauce mischen. **200 g eingelegte Krabben** in einem Sieb unter fließendem kaltem Wasser abbrausen und abtropfen lassen. Kurz vor dem Servieren die Krabben in der Sauce erwärmen.

TOMATENSAUCE
MIT OLIVEN

ZUBEREITUNG 20 MIN.
ZUTATEN FÜR 4 PERSONEN

1 Zwiebel und **1 Knoblauchzehe** schälen, in feine Würfel schneiden und in einer Pfanne in **1 EL Öl** andünsten. **800 g stückige Tomaten** (aus der Dose) hinzufügen und alles bei schwacher Hitze 10 bis 15 Minuten köcheln lassen. **50 g schwarze Oliven** (ohne Stein) in Scheiben schneiden und mit **1 EL Kapern** in die Sauce geben. Mit **¼ EL gemahlener Kurkuma**, **Salz** und **Pfeffer** würzen. Nach Belieben mit **Mozzarellascheiben** servieren.

MIE-NUDELN
MIT ASIAGEMÜSE UND GARNELEN

ZUBEREITUNG
🔥 30 MIN.

01. Die Garnelen in ein Sieb geben, mit kaltem Wasser abspülen und beiseitestellen. Ingwer und Zwiebel schälen und in feine Würfel schneiden.

02. Das Öl in einem Wok erhitzen, Ingwer und Zwiebel darin 5 Minuten dünsten. Die Currypaste unterrühren, kurz anbraten. Das Asia-Gemüse hinzufügen. Die Kokosmilch und 200 ml Wasser hinzufügen und aufkochen lassen. Alles zugedeckt 5 Minuten köcheln lassen.

03. Die Nudeln nach Packungsanweisung zubereiten. Die Erbsen unter das Gemüse mischen, weitere 3 Minuten köcheln lassen. Die Garnelen schälen, am Rücken entlang einschneiden und jeweils den Darm entfernen, die Garnelen waschen und trocken tupfen. Die Erdnüsse grob hacken.

04. Das Gemüse mit Fischsauce, Salz und Limettensaft würzen. Die Garnelen hinzufügen und zugedeckt etwa 3 Minuten gar ziehen lassen. Die Nudeln mit der Asiagemüsesauce anrichten und mit Erdnüssen bestreuen.

🔄 *Anstatt der Garnelen können Sie 200 g Hähnchenbrustfilet in Würfel schneiden und 5 Minuten im Curry mitköcheln lassen. Als vegetarische Variante eignet sich auch Tofu sehr gut.*

ZUTATEN
FÜR 4 PERSONEN

+ 250 g TK-Garnelen (Tiger Prawns; roh, ohne Kopf)
+ 1 Stück Ingwer (ca. 20 g)
+ 1 große Zwiebel
+ 2 EL Öl
+ 1–2 EL rote Thai-Currypaste
+ 600 g TK-Asiagemüse (ungewürzt)
+ 400 ml Kokosmilch
+ 250 g Mie-Nudeln (Instant-Nudeln)
+ 200 g TK-Erbsen
+ 50 g gesalzene geröstete Erdnusskerne
+ 4 EL Thai-Fischsauce
+ Salz
+ Saft von 1 Limette

KRÄUTEROMELETT
MIT RÄUCHERLACHS

ZUBEREITUNG
15 MIN.

01. Den Knoblauch schälen und in sehr feine Würfel schneiden. Die Eier mit den tiefgekühlten Kräutern und dem Knoblauch gründlich verquirlen. Leicht mit Salz und Pfeffer würzen.

02. Die Tomaten waschen und in Scheiben schneiden. Das Basilikum waschen und trocken tupfen, die Blätter abzupfen. Den Frischkäse und den Senf verrühren und mit Salz und Pfeffer abschmecken.

03. Das Öl und die Butter in der Pfanne erhitzen. Die Eiermasse hineingießen und gleichmäßig darin verteilen. Eine Hälfte mit Tomaten und Basilikum belegen und mit geschlossenem Deckel bei mittlerer Hitze 2 Minuten backen. Dann die Eiermasse vorsichtig vom Pfannenboden lösen.

04. Die Senf-Frischkäse-Mischung auf der belegten Omeletthälfte verteilen und den Räucherlachs darauflegen. Mit geschlossenem Deckel weiterbacken, bis das Omelett gestockt ist. Dann über der Füllung zusammenklappen und 1 Minute ziehen lassen.

05. Die Kresse vom Beet abschneiden, waschen und trocken tupfen. Das Omelett halbieren und auf zwei Teller verteilen. Mit grob gemahlenem Pfeffer und der Kresse bestreut servieren.

ZUTATEN
FÜR 2 PERSONEN

+ 1 Knoblauchzehe
+ 4 Eier (Gr. M oder L)
+ 4 EL TK-Gartenkräuter
+ Salz • Pfeffer aus der Mühle
+ 5 Cocktailtomaten
+ 3–4 Stiele Basilikum
+ 50 g Frischkäse
+ 2 EL süßer Senf
+ 1 EL Öl
+ 1 TL Butter
+ 100 g Räucherlachs (in Scheiben)
+ ½ Beet Kresse

SOMMERROLLEN
MIT GARNELEN

ZUBEREITUNG
🍴 20 MIN.

01.   Die Mango schälen und das Fruchtfleisch in schmalen Scheiben auf den flachen Seiten vom Stein schneiden. Die Frühlingszwiebeln putzen, waschen, fein hacken. Die Erdnüsse grob hacken. Das Basilikum waschen und trocken schütteln.

02.   Die Garnelen in ein Sieb geben, mit kaltem Wasser abspülen und abtropfen lassen. Das Öl in einer Pfanne erhitzen und die Garnelen darin etwa 2 Minuten braten. Mit 2 EL Limettensaft ablöschen und mit Salz würzen. Mit Erdnüssen und Frühlingszwiebeln mischen.

03.   Jedes Reispapier einzeln herausnehmen, in kaltes Wasser tauchen und auf ein feuchtes Küchentuch legen. Auf der unteren Hälfte einige Basilikumblätter, Mango und Garnelenmischung verteilen. Die Seiten über die Füllung schlagen. Das Teigblatt fest aufrollen.

04.   Die Chilischote längs halbieren, entkernen, waschen und fein schneiden. Die Sojasauce mit dem restlichen Limettensaft und der Chili verrühren. Zu den Sommerrollen servieren.

🔄   *Sommerrollen lassen sich super variieren! Eine leckere vegetarische Variante ist eine Füllung aus angebratenem Tofu, in Streifen geschnittener Paprika, Koriander, Ingwerstreifen und angebratenen Shiitake-Pilzen.*

ZUTATEN
FÜR 4 PERSONEN

+ **1 reife Mango**
+ **3 Frühlingszwiebeln**
+ **50 g gesalzene geröstete Erdnüsse**
+ **1 Bund Thai-Basilikum**
+ **300 g Riesengarnelen (ohne Kopf, geschält; ersatzweise Hähnchenbrustfilet)**
+ **1 EL Öl**
+ **Saft von 1 Limette**
+ **Salz**
+ **16 runde Reispapierblätter (à 16 cm Ø)**
+ **1 rote Chilischote**
+ **6 EL Sojasauce**

WAIKIKI HASH BROWNS
MIT MANGO-ANANAS-SALSA

ZUBEREITUNG
🕯 30 MIN.

01. Für die Salsa Mango- und Ananasfruchtfleisch in feine Würfel schneiden. Die Frühlingszwiebeln putzen, waschen und in Ringe schneiden. Alles mit Honig und Limettensaft verrühren und mit Salz, Pfeffer und Cayennepfeffer leicht scharf abschmecken. Den Koriander unterrühren.

02. Für die Hash Browns die Kartoffeln schälen und waschen. Eine Hälfte grob, die andere Hälfte fein reiben, mischen. Mit dem Mehl und dem Ei verrühren und mit Salz würzen. Die Käsescheiben halbieren.

03. In der Pfanne 1 cm hoch Öl erhitzen. 4 gehäufte EL Kartoffelmasse in die Pfanne geben, zu einem flachen Fladen drücken und auf der Unterseite goldbraun ausbacken. Wenden und die Oberseite mit Küchenpapier leicht abtupfen. Mit 2 halben Käsescheiben belegen und weiterbacken, bis die Unterseite ebenfalls goldbraun und der Käse geschmolzen ist. Auf Küchenpapier abtropfen lassen. Auf diese Weise 3 weitere Hash Browns backen.

04. Die Hash Browns auf zwei Teller verteilen und mit je 2 Schinkenscheiben belegen. Jeweils etwas Mango-Ananas-Salsa daraufgeben und das Ganze sofort servieren.

🔁 *Lecker schmecken die Wakiki Hash Browns auch mit Guacamole, Tomatensalat, zerkrümeltem Feta und gehackter Petersilie.*

ZUTATEN
FÜR 2 PERSONEN

FÜR DIE SALSA:
+ 125 g Mangofruchtfleisch
+ 125 g Ananasfruchtfleisch
+ 2 Frühlingszwiebeln
+ 1 TL Honig
+ 1 EL Limettensaft
+ Salz • Pfeffer aus der Mühle
+ Cayennepfeffer
+ 1 EL gehackter Koriander

FÜR DIE HASH BROWNS:
+ 650 g festkochende Kartoffeln
+ 1 EL Mehl
+ 1 Ei (Größe M)
+ Salz
+ 4 Scheiben Cheddar (ca. 100 g)
+ Öl zum Ausbacken
+ 8 kleine Scheiben roher Schinken (ca. 60 g)

KALBSSCHNITZEL
MIT MOZZARELLA ÜBERBACKEN

ZUBEREITUNG
30 MIN.

01. Die Schnitzel mit dem Plattierer flach klopfen und dann halbieren. Die Knoblauchzehen schälen und in dünne Scheiben schneiden. Den Mozzarella in Scheiben schneiden.

02. In einer großen Pfanne mit Deckel, in der alle Schnitzel Platz haben (wenn sie leicht überlappen, macht das nichts), das Öl mit dem Knoblauch verteilen. Die Schnitzel nebeneinander darauflegen und mit den passierten Tomaten bedecken. Mit Salz und Pfeffer würzen und mit den abgetropften Kapern bestreuen. Großzügig mit Oregano oder Basilikum würzen. Zuletzt die Mozzarellascheiben darauf verteilen.

03. Anschließend die Pfanne mit geschlossenem Deckel stark erhitzen. Sobald die Tomatensauce zu kochen beginnt, die Hitze reduzieren und alles bei schwacher Hitze noch 4 bis 5 Minuten leicht köcheln lassen, bis der Käse geschmolzen ist. Mit Pfeffer bestreut servieren. Dazu passt gedünsteter Brokkoli.

❤ *Als „alla pizzaiola" wird diese Art der Zubereitung bezeichnet. Das Fleisch wird dabei in einer Tomatensauce weich gegart. Es ist ein hervorragendes Sommergericht, zu dem auch Nudeln sehr gut passen.*

ZUTATEN
FÜR 4 PERSONEN

+ **4 große Kalbsschnitzel (à ca. 150 g)**
+ **4 Knoblauchzehen**
+ **250 g Mozzarella**
+ **6 EL Olivenöl**
+ **600 g passierte Tomaten (aus dem Glas)**
+ **Salz • Pfeffer aus der Mühle**
+ **6 EL Kapern (in Lake)**
+ **etwas Oregano oder Basilikum (frisch oder getrocknet)**

GEBRATENES HÄHNCHEN
MIT ORIENTALISCHEM GEWÜRZ-COUSCOUS

ZUBEREITUNG
30 MIN.   **15 MIN.**

01. Den Ofen auf 150 °C vorheizen und eine ofenfeste Form hineinstellen. Das Hähnchen von Fett und Sehnen befreien, mit kaltem Wasser waschen und trocken tupfen. Das Fleisch salzen und in 2 TL Butterschmalz oder Rapsöl 4 Minuten rundum goldbraun anbraten. Mit Pfeffer würzen und im Ofen in der Form 15 Minuten fertig garen.

02. Inzwischen die Sultaninen in warmem Wasser einweichen. Den Couscous mit Ras el-Hanout und Olivenöl vermischen. Brühe und Orangensaft aufkochen, über den Couscous gießen, umrühren und zugedeckt 5 bis 7 Minuten quellen lassen.

03. Die Petersilie waschen und trocken schütteln, die Blätter abzupfen und fein hacken. Die Pistazien grob hacken.

04. Die Sultaninen abgießen, trocken tupfen und je nach Größe etwas kleiner hacken. Den Couscous mit der Gabel auflockern, mit Salz und Pfeffer würzen und die Sultaninen unterheben. Die Hälfte der Petersilie und Pistazien unterheben.

05. Den Gewürz-Couscous mit den restlichen Pistazien und der übrigen Petersilie bestreuen und mit der Hähnchenbrust servieren.

ZUTATEN
FÜR 2 PERSONEN

+ **1 große oder 2 kleine Hähnchen-brustfilets (ca. 250–300 g)**
+ **Salz**
+ **2 TL Butterschmalz oder Rapsöl**
+ **Pfeffer aus der Mühle**
+ **30 g Sultaninen**
+ **125 g Couscous („Instant")**
+ **2 TL Ras el-Hanout**
+ **1 EL Olivenöl**
+ **125 ml kräftige Hühner- oder Gemüsebrühe**
+ **100 ml Orangensaft**
+ **2 Stiele Petersilie**
+ **30 g Pistazienkerne**

CHICKEN-WRAPS
MIT ERDNUSSSAUCE

ZUBEREITUNG
🍴 25 MIN.

01. Für die Sauce Ingwer und Knoblauch schälen und in feine Würfel schneiden. Das Öl in der Pfanne erhitzen, Ingwer und Knoblauch darin andünsten. Den Zucker dazugeben und leicht karamellisieren. Erdnussmus, Sojasauce, Limettensaft und 125 ml Wasser dazugeben. Zum Kochen bringen und kurz köcheln lassen. Ggf. mit Wasser auf eine dickflüssige Konsistenz verdünnen. Mit Salz und Cayennepfeffer würzen und in ein Schälchen umfüllen. Die Pfanne säubern.

02. Für die Wraps das Hähnchenfleisch waschen, trocken tupfen und in feine Streifen schneiden. Das Öl in der Pfanne erhitzen und die Hähnchenstreifen darin rundum leicht braun anbraten. Den Knoblauch schälen und in feine Würfel schneiden. Mit Zucker, Sojasauce und Limettensaft zum Fleisch geben, die Hähnchenstreifen gar köcheln. Mit Salz und Cayennepfeffer würzen. Alles herausnehmen und die Pfanne säubern.

03. Die Frühlingszwiebeln putzen, waschen und in Ringe schneiden. Die Paprika längs halbieren, entkernen und waschen, die Gurke waschen. Beides in kleine Würfel schneiden. Den Salat waschen, trocken tupfen und in feine Streifen schneiden.

04. Die Pfanne erhitzen und 1 Tortillafladen hineinlegen. Erhitzen, bis er weich wird, wenden und nochmals 30 Sekunden erhitzen. Herausnehmen und in der Mitte in einem Streifen mit je einem Viertel von Erdnusssauce, Salat, Gurke, Paprika, Hähnchen, Frühlingszwiebeln und nach Belieben 1 TL Sambal Oelek belegen. Die Ränder knapp über der Füllung einschlagen, den Fladen von unten über die Füllung klappen und den Wrap aufrollen. Auf diese Weise 4 Wraps zubereiten. Halbieren und sofort servieren oder für unterwegs in Butterbrotpapier oder Alufolie wickeln.

ZUTATEN
FÜR 4 PERSONEN

FÜR DIE SAUCE:
+ 1 haselnussgroßes Stück Ingwer
+ 1 Knoblauchzehe
+ 1 EL Öl
+ 1 EL Rohrohrzucker
+ 100 g Erdnussmus
+ 2 EL helle Sojasauce
+ 1 EL Limettensaft
+ Salz • Cayennepfeffer

FÜR DIE WRAPS:
+ 250 g Hähnchenbrustfilet
+ 1 EL Öl
+ 1 Knoblauchzehe
+ ½ EL Rohrohrzucker
+ 1 EL helle Sojasauce
+ ½ EL Limettensaft
+ Salz • Cayennepfeffer
+ 2 Frühlingszwiebeln
+ 1 kleine rote Paprikaschote
+ 100 g Salatgurke
+ 2 Blätter Eisbergsalat
+ 4 weiche Weizentortillas (Fertigprodukt)
+ 4 TL Sambal Oelek (nach Belieben)

UNSER
LIEBLING

SCHWEINEFILET
MIT CHINAKOHLSALAT

ZUBEREITUNG
🍴 25 MIN.

01. Den Chinakohl putzen, waschen und in feine Streifen schneiden oder hobeln. Die Frühlingszwiebeln putzen, waschen und in feine Ringe schneiden. Die Blaubeeren verlesen, waschen und gut abtropfen lassen.

02. Die Mayonnaise mit Joghurt, Buttermilch, Essig und Meerrettich verrühren. Das Dressing mit Salz und Pfeffer kräftig abschmecken. Das Dressing mit Chinakohl, Frühlingszwiebeln und Blaubeeren mischen.

03. Das Filet in 6 Medaillons schneiden, diese etwas flach drücken. Mit Salz und Pfeffer würzen. Das Öl in einer Pfanne erhitzen und die Medaillons darin bei mittlerer Hitze auf jeder Seite 3 bis 4 Minuten braten. Kurz ruhen lassen und mit dem Salat servieren.

💟 *Chinakohl ist im Gegensatz zu anderen Mitgliedern der Kohlfamilie sehr mild und harmoniert dadurch sehr gut mit dem Schweinefilet. Die Blaubeeren sorgen für etwas Süße im Salat.*

ZUTATEN
FÜR 2 PERSONEN

+ ½ Chinakohl (ca. 600 g)
+ 3 Frühlingszwiebeln
+ 50 g Heidelbeeren
+ 30 g Mayonnaise
+ je 75 g Naturjoghurt und Buttermilch
+ 2—3 TL Apfelessig
+ 1 TL geriebener Meerrettich (Glas)
+ Salz • Pfeffer aus der Mühle
+ 300 g mageres Schweinefilet
+ 1 EL Öl

DESSERTS

HEIDELBEER-TRIFLE
MIT CANTUCCINI

ZUBEREITUNG
♨ 20 MIN.

01. Die Cantuccini grob hacken oder im Mörser zerstoßen. Die Hälfte davon auf zwei Gläser verteilen und mit je ½ EL Amaretto beträufeln.

02. Die Blaubeeren waschen und trocken tupfen. 6 schöne Blaubeeren beiseitelegen. Den Joghurt mit dem Gelee verrühren, es dürfen noch kleine Teile vom Gelee sichtbar sein. Mit etwas Salz und Vanille würzen.

03. Die Hälfte der Heidelbeeren auf die Cantuccini und darauf die Hälfte der Creme geben. Dann die restlichen Cantuccini darauf verteilen, mit dem übrigen Amaretto beträufeln, die restlichen Heidelbeeren und darauf wiederum die restliche Creme verteilen. Mit den beiseitegelegten Blaubeeren garnieren und mit den Kakao-Nibs bestreuen.

🔁 *Jegliche Art von dunkler Konfitüre eignet sich für den Trifle. Auch Heidelbeer-, Kirsch- oder Brombeerkonfitüre schmecken sehr gut darin.*

ZUTATEN
FÜR 2 PERSONEN

+ **70 g Cantuccini**
+ **2 EL Amaretto (Mandellikör)**
+ **70 g Heidelbeeren**
+ **150 g griechischer Joghurt**
+ **50 g Schwarzes-Johannisbeer-Gelee (siehe Tipp)**
+ **Salz**
+ **gemahlene Vanille**
+ **1 TL Kakao-Nibs**

UNSER
LIEBLING

SCHNELLES HIMBEEREIS
MIT KOKOSMILCH UND BASILIKUM

ZUBEREITUNG
15 MIN.

01. Jeweils 1 Orange und Zitrone heiß waschen, gründlich trocken reiben und die Schale fein abreiben. Sämtliche Zi-trusfrüchte halbieren und den Saft auspressen. Das Basilikum waschen, trocken schütteln und die Blätter abzupfen. Die Vanilleschote mit einem scharfen Messer längs einritzen und das Mark herauskratzen.

02. Die tiefgekühlten Himbeeren, 200 ml Kokosmilch, die Hälfte des Orangen- und Zitronensafts, das Vanillemark, 4 Basilikumblätter und 1 EL Agavendicksaft in einem Mixer fein pürieren.

03. Übrige Kokosmilch, Orangen- und Zitronenschale sowie den restlichen Agavendicksaft und den übrigen Zitronen- und Orangensaft in einen hohen Rührbecher geben und mit dem Stabmixer schaumig aufmixen.

04. Den Schaum auf kleine Schälchen verteilen, jeweils 1 Nocke Himbeereis dazugeben und mit Basilikumblättern garniert servieren.

🔄 *Variieren können Sie das Eis, indem Sie andere gefrorene Beeren in den Mixer werfen.*

ZUTATEN
FÜR 4 PERSONEN

+ **2 Bio-Orangen**
+ **2 Bio-Zitronen**
+ **2 Stiele Basilikum**
+ **¼ Vanilleschote**
+ **400 g TK-Himbeeren**
+ **600 ml Kokosmilch**
+ **2 EL Agavendicksaft**

SÜSSE POLENTA
MIT GEGRILLTEN PFIRSICHEN UND ROSMARIN

ZUBEREITUNG
30 MIN.

01. Den Rosmarin waschen und trocken schütteln, die Nadeln abzupfen und hacken. Die Pfirsiche waschen, halbieren und entsteinen. Eine Grillpfanne erhitzen, die Pfirsichhälften mit der Schnittseite nach unten in die Pfanne setzen und 2 Minuten grillen. Die Pfirsiche herausnehmen, mit Honig beträufeln und mit dem gehackten Rosmarin bestreuen.

02. Milch, Zucker, Vanillemark und Polenta in einem hohen Topf 15 Minuten köcheln lassen, dann vom Herd nehmen und 10 Minuten quellen lassen. Mascarpone und Limettenschale zu der Polentamischung hinzufügen und unterrühren.

03. Die süße Polenta lauwarm mit den gegrillten Pfirsichen anrichten und mit etwas Limettenschale bestreut servieren.

Die süße Polenta harmoniert hervorragend mit dem Geschmack der Pfirsiche. Aber auch anderes Steinobst wie Aprikosen oder Pflaumen eigen sich sehr gut als Beigabe zur Polenta.

ZUTATEN
FÜR 4 PERSONEN

+ **1 Zweig Rosmarin**
+ **4 reife Pfirsiche**
+ **4 EL Honig**
+ **800 g Milch**
+ **3 EL Zucker**
+ **ausgekratztes Mark von 1 Vanilleschote**
+ **120 g Polenta (Maisgrieß)**
+ **50 g Mascarpone**
+ **abgeriebene Schale von ½ Bio-Limette**

AFFOGATO
AL CAFFÈ

ZUBEREITUNG
🍴 10 MIN.

01. Je 1 Kugel Eis in eine Cappuccinotasse oder eine kleine Schüssel setzen.

02. Mit je 1 Tasse heißem Espresso übergießen und mit einem Topping nach Wahl bestreuen. Buon appetito!

💡 *Das ist eine leichtere Eiskaffeevariante, die vor allem in Italien sehr gerne gegessen wird. Sie können den Affogato auch mit einem Häubchen steif geschlagener Sahne servieren.*

ZUTATEN
FÜR 2 PERSONEN

+ **2 Kugeln Lieblingseis (z.B. Vanille, Haselnuss oder Schoko)**
+ **2 Tassen frisch gebrühter Espresso**
+ **Beliebiges Topping (Baiser-, Keksbrösel, gehackte Nüsse, Schokostreusel etc.)**

HIMBEERWÖLKCHEN-CREME
MIT BAISER

ZUBEREITUNG
🍴 15 MIN.

01. Tiefgekühlte Himbeeren auftauen. Frische Himbeeren verlesen und waschen. Die Baisertuffs grob zerbröseln.

02. Den Magerquark mit der Vanille verrühren und die geschlagene Sahne unterheben. Die Himbeeren und die Baiserbrösel vorsichtig unterrühren und auf zwei Dessertgläser verteilen. Nach Belieben 15 Minuten kühl stellen.

🔄 *Anstatt Himbeeren können Sie auch andere Früchte verwenden. Die Creme schmeckt auch gut mit Zimt oder anderen Gewürzen.*

ZUTATEN
FÜR 2 PERSONEN

+ **150 g Himbeeren (frisch oder tiefgekühlt)**
+ **6 Baisertuffs**
+ **200 g Magerquark**
+ **1 Msp. gemahlene Vanille**
+ **100 g geschlagene Sahne**

BLITZEIS
MIT WALDBEEREN

ZUBEREITUNG
🥄 10 MIN. ⏱ 15 MIN. KÜHLEN

01. Die Waldbeeren etwa 5 Minuten auftauen lassen.

02. Waldbeeren und evtl. etwas Ahornsirup in einen hohen Rührbecher geben. Die Sahne dazugießen und alles mit dem Stabmixer glatt pürieren. Die Eismasse etwa 15 Minuten ins Tiefkühlfach stellen.

ZUTATEN
FÜR 4 PERSONEN

+ **300 g gemischte TK-Wald-beeren**
+ **Ahornsirup zum Süßen (nach Belieben)**
+ **200 g Sahne**

❤ *Für einen Waldbeeren-Stracciatella-Eis: 50 g Zartbitter-Schokolade über dem heißem Wasserbad schmelzen und je einen Esslöffel unter die kühlschrankkalte Eismasse heben. Wenn die Masse schon gefroren ist, klappt das leider nicht.*

SCHOKOKUSS-CREME
MIT APRIKOSEN

ZUBEREITUNG
🥄 15 MIN.

01. Von den Schokoküssen die Waffeln ablösen. Die Waffeln grob zerbröseln. Die Schaummasse mit dem Magerquark verrühren.

02. Die abgetropften Aprikosen klein schneiden.

03. Creme, Aprikosenstücke und zerbröselte Waffeln abwechselnd in Dessertgläser schichten. Nach Belieben 15 Minuten kühl stellen.

ZUTATEN
FÜR 2 PERSONEN

+ **4 Schokoküsse**
+ **200 g Magerquark**
+ **1 Dose Aprikosen (Abtropfgewicht 130 g)**

⭐ *Die Creme schmeckt auch mit frischen Früchten gut.*

AVOCADO-SCHOKO-MOUSSE
MIT HIMBEEREN

ZUBEREITUNG
10 MIN.

01. Die Kuvertüre mit dem Messer grob hacken und anschließend in einer Metallschüssel über dem heißen Wasserbad schmelzen.

02. Die Avocados halbieren und die Steine entfernen. Die Avocadohälften schälen und das Fruchtfleisch zusammen mit Limettensaft und etwas -schale, Frischkäse, Ingwer und Puderzucker zur Schokolade in einen hohen Rührbecher geben. Von dem Ingwer-Einlegesirup 1 TL hinzufügen und alles 1 Minute langsam ansteigend mit dem Stabmixer oder im Küchenmixer fein pürieren.

03. Die Himbeeren verlesen, waschen und trocken tupfen. Die Avocado-Schoko-Mousse zum Servieren mit Kakaopulver bestäuben und mit den Himbeeren garnieren.

Keine regionalen frischen Himbeeren erhältlich? Dann können Sie sie auch gut durch andere Beeren ersetzen oder auf Tiefkühlware zurückgreifen.

ZUTATEN
FÜR 4 PERSONEN

+ 150 g Zartbitterkuvertüre
+ 2 reife Avocados
+ Saft und Schale von
  1 Bio-Limette
+ 150 g Frischkäse
+ 20 g süß eingelegter Ingwer
+ 50 g Puderzucker
+ 200 g Himbeeren
+ Kakaopulver zum Bestäuben

KARAMELLISIERTE PFIRSICHE
MIT QUARKCREME UND ERDBEEREN

ZUBEREITUNG
🍶 20 MIN. ⏱ 10 MIN.

01. Die Pfirsiche waschen, halbieren, entsteinen und in fingerdicke Spalten schneiden. Vom Zitronengras die welken Außenblätter und die obere, trockene Hälfte entfernen, die untere Hälfte mittig halbieren. Die Erdbeeren waschen, putzen und halbieren.

02. Honig, Zitronensaft und -schale, Vanillemark, 1 Prise Salz, Zitronengras und Pfirsichspalten in einer Pfanne bei mittlerer Hitze erhitzen. Die Pfirsiche etwa 7 Minuten karamellisieren. Das Zitronengras wieder entfernen, die Erdbeeren dazugeben und kurz abkühlen lassen.

03. Für die Quarkcreme den Quark mit dem Sirup cremig verrühren. Das Eiweiß mit dem Zucker dickschaumig aufschlagen. Den Eischnee unter den Mandelquark heben. Die gebrannten Mandeln hacken.

04. Zum Servieren die Creme auf Teller verteilen, den Pfirsich-Erdbeer-Mix darauf anrichten und mit den gehackten Mandeln bestreuen.

ZUTATEN
FÜR 4 PERSONEN

FÜR DIE PFIRSICHE:
+ **8 Weinbergpfirsiche**
+ **3 Stängel Zitronengras**
+ **200 g kleine Erdbeeren**
+ **4 EL Honig**
+ **Saft und abgeriebene Schale von ½ Bio-Zitrone**
+ **Mark von ½ Vanilleschote**
+ **Salz**

FÜR DIE QUARKCREME:
+ **200 g Magerquark**
+ **4 EL Mandelsirup**
+ **1 sehr frisches Eiweiß**
+ **1 EL Zucker**
+ **2 EL gebrannte Mandeln (ersatzweise geröstete Mandeln)**

BLITZ-SCHOKOFONDUE
MIT GEMISCHTEN FRÜCHTEN

ZUBEREITUNG
5 MIN.

01. Für die Schokosauce die Schokolade grob hacken oder in Stücke brechen. Den Dinkel-Mandel-Drink in einem Topf aufkochen und mit Schokolade, Cashewbruch, Likör, Datteln und 1 guten Prise Salz in den Mixbecher geben.

02. Alles auf höchster Stufe 1 Minute glatt mixen, bis die Masse glänzt. Die Schokoladenmasse in einem Schokoladenfonduetopf oder einer Schale auf einem Stövchen warm halten.

03. Zum Dippen das Obst je nach Sorte putzen, waschen oder schälen und ganz lassen oder in mundgerechte Stücke schneiden. Das Obst in einer Schale anrichten. Nach Belieben zusätzlich Reiswaffeln, Kekse, Blätterteigsticks und in Öl angeröstete Weißbrotsticks zum Dippen reichen.

💡 *Für Schokolade mit 70 % Kakaoanteil ist die Handelsbezeichnung gesetzlich nicht geregelt, das heißt, die Hersteller können sie als „Bitterschokolade", „Zartbitterschokolade" oder auch „Halbbitterschokolade" verkaufen. Dahinter kann sich dann jedoch jeweils auch Schokolade mit einem niedrigeren Kakaoanteil (ab mindestens 50 %) verbergen. Deshalb beim Kauf immer die Angabe zum Kakao beachten! Am besten auf conchierte Schokolade zurückgreifen, sie kommt bei der Herstellung ohne Emulgatoren z. B. Sojalecithin aus.*

ZUTATEN
FÜR 4 PERSONEN

FÜR DIE SCHOKOSAUCE:

+ 240 g Zartbitterschokolade (mind. 70 % Kakaoanteil; siehe Tipp)
+ 400 ml Dinkel-Mandel-Drink (oder Haferdrink mit Vanille)
+ 150 g Cashewbruch
+ 4 EL Vanillelikör
+ 2 große Medjoul-Datteln (ohne Stein)
+ Meersalz

ZUM DIPPEN:

+ 1½ kg gemischtes Obst (z.B. Apfel, Ananas, Banane, Melone, Heidelbeeren)

APFEL-CRUMBLE
MIT BROMBEEREN

ZUBEREITUNG
🥄 10 MIN.   ⏱ 20 MIN.

01.   Den Backofen auf 220 °C vorheizen. Den Apfel waschen, vierteln, entkernen und in kleine Würfel schneiden. Die Brombeeren verlesen und waschen. Mehl, Butter und Zucker zu einem Teig verkneten. Den Sternanis fein mörsern und sieben. Die Walnüsse grob hacken.

02.   Eine kleine Auflaufform mit Butter einfetten. Apfel, Brombeeren, Walnüsse und Sternanis darin verteilen. Den Teig mit den Fingern in Stücke zupfen und darüberbröseln. Den Crumble im Ofen auf der mittleren Schiene 20 Minuten goldbraun backen.

♥   *Für eine schnelle Vanillesauce 1 gehäuften EL Speisestärke oder Maismehl, 2 Msp. gemahlene Vanille und 50 ml Milch mit dem Schneebesen glatt rühren. In einem Topf 1 EL Vollrohrzucker und 150 ml Milch aufkochen. Die Stärkemischung unter Rühren dazugeben, die Hitze reduzieren und rühren, bis die Sauce andickt. Den Topf von der Herdplatte nehmen.*

ZUTATEN
FÜR 2 PERSONEN

+ **1 Apfel**
+ **150 g Brombeeren**
+ **75 g (Roggen-)Vollkornmehl**
+ **50 g weiche Butter + etwas mehr für die Form**
+ **40 g Vollrohrzucker**
+ **½ Sternanis**
+ **25 g Walnusskerne**

TASSENKUCHEN
MIT ORANGE UND SIRUP

ZUBEREITUNG
🥄 **25 MIN.** ⏱ **5 MIN.**

01. Für den Kuchen in einer Schüssel das Mehl mit 3 EL Zucker, Backpulver und 1 Prise Salz mischen. Die Orange heiß waschen und trocken reiben, einige möglichst lange Schalenstreifen mit dem Sparschäler abziehen und zum Garnieren beiseitelegen, die restliche Schale fein abreiben. Anschließend die Orange halbieren und eine Hälfte auspressen (die andere Hälfte anderweitig verwenden). Einen Porzellanbecher oder eine große Tasse einfetten.

02. In einer zweiten Schüssel 1 EL Orangensaft mit abgeriebener Orangenschale, Öl und Ei gut verquirlen. Diese Mischung zur Mehlmischung geben und alles rasch, aber gründlich verrühren.

03. Den Teig in die Tasse füllen und in der Mikrowelle auf höchster Stufe 1½ bis 2 Minuten garen. Dabei jeweils nach 1 Minute und nochmals nach 1½ Minuten mit einem Holzspieß eine Garprobe machen: Der Teig darf nicht am Spieß kleben bleiben, wenn man hineinsticht. Den Kuchen aus der Mikrowelle nehmen, wenn er gar ist, und mit dem Holzspieß noch weitere Löcher in die Oberfläche stechen.

04. Für den Sirup in einem Glas 1 TL Wasser mit dem übrigen Orangensaft mischen. Den restlichen Zucker in einem Topf bei mittlerer Hitze ohne Rühren hell karamellisieren. Den Topf vom Herd nehmen und die Wasser-Saft-Mischung dazugießen. Dabei erst nur durch Schwenken verteilen und mit dem karamellisierten Zucker mischen, danach alles verrühren. Die Flüssigkeit über den Tassenkuchen träufeln und kurz durchziehen lassen. Zuletzt mit den Orangenschalenstreifen garnieren.

**ZUTATEN FÜR 1 TASSE
(CA. 250 ML)**

+ **40 g Mehl**
+ **4 EL Zucker**
+ **¼ TL Backpulver**
+ **Salz**
+ **1 Bio-Orange**
+ **2 EL neutrales Pflanzenöl**
+ **1 Ei**
+ **Öl für die Tasse**

REZEPTREGISTER

IMPRESSUM

© **ZS VERLAG GmbH**
Kaiserstraße 14 b
D–80801 München

ISBN 978-3-96584-015-7
1. Auflage 2020

Projektleitung: Isabella Thiel
Lektorat: ZS-Team
Grafik Design & Artdirection: Seidldesign
Grafik & Satz: Irene Schulz, Aline Kettenberger
Herstellung: Frank Jansen
Producing: Jan Russok
Druck & Bindung: optimal media GmbH, Röbel

Kurze Wege schonen die Umwelt
Dieses Buch wurde in Deutschland gedruckt

Die ZS Verlag GmbH ist ein Unternehmen der Edel SE & Co. KGaA, Hamburg.
www.zsverlag.de | www.facebook.com/zsverlag

BILDNACHWEIS

Umschlag: Eising Studio | Food Photo & Video: vorne; J.-P. Wetsermann: hinten (l.), W. Schardt: hinten (M.),
A. Schütz: hinten (r.)
Innenteil: B. Bonisolli: 73, 77; M. Görlach/K. Winner (Eising Studio | Food Photo & Video): 55; J. Hoersch: 11,13, 23, 51;
C. Lang: 65, 83; M. Neubauer: 21, 25, 59; W. Schardt: 9, 45, 53, 57, 63, 71; M. Schürle/M. Grossmann: 15, 35, 43, 81;
A. Schütz: 18/19, 29, 31, 41, 47, 48/49; T. Suedfels: 17, 27, 85; J.-P. Westermann: 4, 39, 61, 69; M. Zanin: 79;
STOCKFOOD: R. Castilho: 37

HINWEISE ZU DEN REZEPTEN

Zubereitungszeit: Alle Rezepte haben eine kurze Zubereitungszeit. Bitte beachten Sie jedoch bei der Planung auch
die angegebenen Back- und Kühlzeiten, die evtl. noch hinzukommen.
Backofentemperatur: Wenn nicht anders angegeben, beziehen sich die Temperaturangaben auf die Einstellung Ober-/
Unterhitze. Berücksichtigen Sie außerdem die Eigenschaften Ihres Backofens, denn jeder Backofen bäckt anders.

Easy Auswahl ...

5-Zutaten-Küche
ISBN 978-3-89883-920-4

Leicht und schnell
ISBN 978-3-89883-923-5

Low Carb-Express
ISBN 978-3-89883-921-1

Lunchbox Express
ISBN 978-3-89883-924-2

Schnelle Landküche
ISBN 978-3-89883-925-9

Smoothies, Shakes & Co.
ISBN 978-3-89883-922-8

Brote und Dips
ISBN 978-3-89883-943-3

1-Topf-Gerichte
ISBN 978-3-89883-944-0

Vom Blech
ISBN 978-3-89883-942-6

Geschenke aus der Küche
ISBN 978-3-89883-945-7

ISBN 978-3-96584-012-6

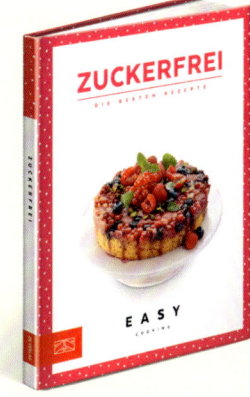

ISBN 978-3-96584-013-3

ISBN 978-3-96584-014-0

ISBN 978-3-96584-015-7

Gleich weiterkochen!

Jetzt überall, wo es gute Bücher gibt.

LÖFFELMENGEN (PRO GESTR. LÖFFEL)

Lebensmittel	EL	TL	Lebensmittel	EL	TL
Flüssigkeit	12 ml	5 ml	Mehl (Type 405)	7 g	3 g
Backpulver	9 g	3 g	Paprikapulver	6 g	2 g
Butter	10 g	4 g	Puderzucker	4 g	3 g
Crème fraîche	10 g	5 g	Reis	10 g	5 g
Gelatine, gemahlen	8 g	3 g	Salatmayonnaise	10 g	5 g
Grieß	8 g	3 g	Salz	13 g	5 g
Haferflocken	7 g	2 g	Sahne (30 % F.)	10 g	5 g
Haselnusskerne, gemahlen	5 g	2 g	Saure Sahne (10 % F.)	10 g	6 g
Honig	15 g	6 g	Schwarzer Tee	4 g	2 g
Joghurt (3,5 % F.)	10 g	6 g	Semmelbrösel	6 g	3 g
Käse, gerieben	5 g	3 g	Senf	10 g	3 g
Kaffee, gemahlen	4 g	2 g	Speiseöl	10 g	4 g
Kaffee, löslich	3 g	1 g	Speisestärke	7 g	3 g
Kakaopulver	5 g	2 g	Tomatenketchup	12 g	5 g
Kondensmilch	14 g	6 g	Tomatenmark	12 g	5 g
Mandeln, gemahlen	5 g	3 g	Zimtpulver	4 g	2 g
Margarine	10 g	4 g	Zucker	10 g	5 g